Guest Book

_____

_____

_____

_____

Copyright © Brilliant Guest Books
All rights reserved. No part of this book should be copied, reproduced or transmitted in any form without the written permission of the publisher.

We value your feedback!
Please send a review and let us know what you think about this book, thank you!

GUEST

NOTE

GUEST

NOTE

GUEST

NOTE

GUEST

NOTE

GUEST NOTE

GUEST

NOTE

GUEST

NOTE

GUEST

NOTE

GUEST

NOTE

GUEST

NOTE

GUEST

NOTE

GUEST

NOTE

GUEST

NOTE

GUEST

NOTE

GUEST

NOTE

GUEST

NOTE

GUEST

NOTE

GUEST NOTE

GUEST

NOTE

GUEST

NOTE

GUEST

NOTE

GUEST

NOTE

GUEST

NOTE

GUEST

NOTE

GUEST

NOTE

GUEST

NOTE

GUEST

NOTE

GUEST	NOTE

GUEST NOTE

GUEST

NOTE

GUEST

NOTE

GUEST NOTE

GUEST

NOTE

GUEST

NOTE

GUEST

NOTE

GUEST NOTE

GUEST

NOTE

GUEST

NOTE

GUEST

NOTE

GUEST

NOTE

GUEST

NOTE

GUEST

NOTE

GUEST NOTE

GUEST

NOTE

GUEST

NOTE

GUEST

NOTE

GUEST

NOTE

GUEST

NOTE

GUEST NOTE

GUEST NOTE

GUEST NOTE

GUEST

NOTE

GUEST

NOTE

GUEST NOTE

GUEST

NOTE

GUEST

NOTE

| GUEST | NOTE |

GUEST

NOTE

GUEST

NOTE

GUEST

NOTE

GUEST

NOTE

GUEST

NOTE

GUEST NOTE

GUEST

NOTE

GUEST

NOTE

GUEST NOTE

GUEST

NOTE

GUEST

NOTE

GUEST

NOTE

GUEST

NOTE

GUEST NOTE

GUEST

NOTE

GUEST

NOTE

GUEST

NOTE

GUEST NOTE

GUEST

NOTE

GUEST

NOTE

GUEST

NOTE

GUEST NOTE

GUEST   NOTE

GUEST

NOTE

GUEST
NOTE

GUEST NOTE

GUEST

NOTE

GUEST

NOTE

GUEST

NOTE

GUEST

NOTE

GUEST

NOTE

GUEST

NOTE

GUEST

NOTE

GUEST

NOTE

GUEST

NOTE

GUEST

NOTE

GUEST

NOTE

GUEST

NOTE

GUEST

NOTE

GUEST

NOTE

GUEST

NOTE

GUEST

NOTE

GUEST

NOTE

GUEST NOTE

GUEST

NOTE

GUEST NOTE

GUEST

NOTE

GUEST NOTE

GUEST   NOTE

GUEST

NOTE

GUEST

NOTE

GUEST

NOTE

Printed in Poland
by Amazon Fulfillment
Poland Sp. z o.o., Wrocław
26 July 2023

dda097ae-74f1-43a8-913d-db35a4b45206R01